I challenge you to draw

Vu Nguyen & Samuel Kamara

Es gibt Maler, die die Sonne in einen gelben Fleck verwandeln. Es gibt aber andere, die dank ihrer Kunst und Intelligenz einen gelben Fleck in die Sonne verwandeln können

Pablo Picasso

Bibliografische Information der Deutschen Nationalbibliothek: Die Deutsche Nationalbibliothek verzeichnet diese Publikation in der Deutschen Nationalbibliografie; detaillierte bibliografische Daten sind im Internet über dnb.dnb.de abrufbar.

© 2020 Vu Nguyen, Samuel Kamara
Herstellung und Verlag: BoD – Books on Demand, Norderstedt

ISBN 978-3-7526-6085-2

Dieses Buch hat kein Inhaltsverzeichnis

Wir schreiben dir den Anfang oder das Ende nicht vor. Du kannst das Buch aufschlagen und auf der geöffneten Seite beginnen.

Dieses Buch enthält Zeichenaufgaben welche die Kreativität und die Gefühle des Künstlers anregen sollen. Das Ziel ist es deine Gefühle auf die Seiten dieses Buches zu visualisieren. Dies geschieht mit Musik und den Personen und Dingen die dich umgeben.

3 Tipps bevor du loslegst

1. Deine Kreativität kennt keine Grenzen
Wenn wir buchstäblich sagen, meinen wir das auch so. Als Beispiel:
Ein Rennauto ist ein Auto mit Beinen.

2. Lass dich durch deine Gefühle leiten
Deine Gefühle sollen sich in deinen Zeichnungen spiegeln.

3. Sei kreativ

Skizziere eine Person im Bus oder der Bahn

Erstelle deine eigene Schriftart

Zeichne dich selbst wie du ein Bild zeichnest

Eine Tür zu einer anderen Dimension

Ein Bodybuilder der Ballett tanzt

Zeichne während du Jazz Musik hörst

Illustriere den Satz „Dein Kopf ist in den Wolken"

Zeichne dich selbst als Superheld/in

Ein Affe macht einen „Slam Dunk"

Ein „Kuchendiagramm"

Kombiniere zwei Tiere zu einer mythischen Kreatur

Die Zivilisation wird von der Natur zurückerobert

Eine Szene aus einem Traum den du hattest

Ein Frosch mit einem Umhang

Designe dein eigenes Logo

Deine liebste Kindheitserinnerung

Füll die Seite mit Robotern

Kreiere ein neues Logo für eine Firma deiner Wahl

Ein Lama mit einem Zylinder

Du selbst als Rockstar

Tiere in menschlicher Kleidung

Kreiere dein eigenes Emoji

Denk an das erste Mal als du verliebt warst

Zeichne während du Country Musik hörst

Eine buchstäbliche elektrische Gitarre

Tiere auf in einer modernen Stadt

Verdoppel dein Alter und zeichne dich selbst

Frisuren die du noch nie zuvor gesehen hast

Du und dein Lieblingstier

Eine buchstäbliche Hauspflanze

Eine Sammlung deiner liebsten Dinge

Eine berühmte Person die du verehrst

Erstelle ein alternatives Cover für dein Lieblingsalbum

Du selbst als Superbösewicht

Tiere machen einen Podcast

Ein Piratenschiff in einem modernen Hafen

Du selbst als Character in einem Cartoon

Deine Vorstellung der Hölle

Deine Lieblingserinnerung als Erwachsener

Zeichne während du Hip-Hop hörst

Mal ein Objekt und gib diesem ein Gesicht

Illustriere dein Lieblingsmärchen

Ein trainierender Cupcake

Ein an Halloween verkleideter Kürbis

Skizziere deine Hände in verschiedenen Positionen

Der Horizont über einer Stadt bei Sonnenuntergang

Kreiere ein alternatives Poster für deinen Lieblingsfilm

Ein Engel spielt mit einem Teufel Schach

Die vier Elemente als Superhelden

Eine Hochzeitstorte

Du selbst als Rockstar

Kreiere deine eigenen Insekten

Eine Katze fährt ein Einrad auf dem Mond

Ein süßes Baby Tier

Eine Maus (Tier) mit einer Tastatur

Ein Moment wo du dich ängstlich gefühlt hast

Dein Zuhause im Weltall

Ein Fisch in einem Panzer

Ein Wasserfall im Dschungel

Nimm eine Handvoll Gegenstände und wirf sie auf den Tisch.
Zeichne sie so wie sie liegen

Dein größter Traum

Teile das Papier in vier Abschnitte und fülle jeden mit einem anderen Muster

Dein Lieblingsschauspieler als deine lieblings Cartoon Figur

Du selbst als Samurai

Illustriere eine Zeile aus deinem Lieblingslied

Ein stolzer Moment

Kreiere dein eigenes Raumschiff

Kreiere ein unnützes Küchengerät

Kreiere ein alternatives Cover für dein Lieblingsbuch

Verbinde zwei Dinge die nicht zusammen gehören

Illustriere eine Redewendung im buchstäblichen Sinne

Ein Ritter bekämpft ein mythisches Wesen

Eine Person tanzt im Regen

Dich selbst als Rapper

Zwei unwahrscheinliche tierische Freunde

Eine Landschaft, welche du liebst

Illustriere deine Lieblingserinnerung aus deinem Erwachsenenleben

Du selbst in zehn Jahren

Zeichne während du Pop Musik hörst

Zeichne etwas Ehrliches

Füll die Seite mit Dingen die du magst

Illustriere den Satz „Es ist eine kleine Welt"

Kreiere ein Mandala und füll es mit Dingen die du liebst

Du selbst in einer Szene aus deinem Lieblingsfilm

Ein Roboter, welcher aus Pappe besteht

Eine Karikatur von dir selbst

Ein ausbrechender Vulkan

Tausche die Größe von zwei Objekten aus

Eine Stadt der Zukunft

Deine Vorstellung des Himmels

Eine Person vor einer kopfüber gedrehten Welt

Eine Banane die sich selbst schält

Ein Surfer reitet auf einer Schallwelle

Du selbst als Monster

Zeichne während du klassische Musik hörst

Deine größte Angst

Zeichne während du an deine erste große Liebe denkst

Ein Schwimmbecken auf einem Tisch

Eine komplizierte erfundene Blume

Zeichne etwas Falsches

Zwei Personen, die mit Ballonschwertern fechten

Eine Maus auf einem Abenteuer

Designe deinen eigenen Schmuck

Die Aussicht von außerhalb deines Fensters

Ein Moment der Wut

Deine erste Kindheitserinnerung

Zwei Kindheitsfreunde die gemeinsam aufwachsen

Ein Messer welches in einem Apfel steckt

Selbstportraits aus verschiedenen Blickwinkeln

Der Hinterkopf von jemandem

Zeichne eine zufällige Person in der Öffentlichkeit als Superheld/in

Du selbst als Prinzessin

Deine Vorstellung von Wolke 7

Ein farbenfroher Vogel

Eine Reflektion auf einem Auge

Ein Mashup aus zwei Charakteren in der Popkultur

Das Äußere deines Traumhauses

Ein Moment wo du vor Glück geweint hast

Ein Thron aus Konservendosen

Zeichne während du Rockmusik hörst

Eine Szene oder eine Figur aus deinem Lieblingsbuch

Eine Zeichnung von einer Zeichnung

Eine Person, welche ein Foto von dir macht

Eine Stadt gebaut aus Spielzeugen

Eine unsichtbare Person

Ein Moment, wo du dich mächtig gefühlt hast

Du selbst in 20 Jahren

Zeichne während du EDM hörst

Designe dein eigenes Schloss

Ein Superheld der den Haushalt macht

Eine Fantasielandschaft

Du selbst als Comicfigur

Eine Oase in der Wüste

Ein Bär auf einem Einrad

Dein Spiegelbild in einem Löffel

Erstelle ein weiteres alternatives Firmenlogo

Zeichne während du K-Pop hörst

Eine Luftaufnahme deines Lieblingsortes

Eine Person, die einen Löwenzahn pustet

Ein Delfin der aus dem Wasser springt

Ein Stillleben von dem Inhalt deines Kühlschranks

Dein heutiges Outfit

Ein buchstäbliches Smartphone

Füll die Seite mit einem lustigen Muster

Ballons die einen Menschen fliegen lassen

Eine „Gang" von Gartenzwergen

Dein erster Familienurlaub

Deine aktuelle Stimmung

Zeichne während du dein Lieblingslied hörst

Ein Fernseher und ein Computer diskutieren

Gegenstände auf deinem Tisch

Dein Zimmer bevor du es aufräumst

Die Zutaten deiner nächsten Mahlzeit bevor du sie zubereitest

Dein Lieblingsauto

Die Sonne und der Mond tanzen zusammen

Zeichne das gleiche Stillleben 2 Mal und verkleinere es jedes Mal

Ein fliegendes Skateboard

Zeichne während du Blues hörst

Eine Obstschale läuft vor Fastfood davon

Ein buchstäblicher Asphaltdschungel

Ein Gegenstand in einer Glasschüssel

Ein Buch, das in eine andere Welt führt

Du selbst in Abendgarderobe

Ein Portal in eine andere Dimension

Das letzte Mal, als du dich desorientiert gefühlt hast

Zeichne während du Fahrstuhlmusik hörst

Zähne die in einen Apfel beißen

Du selbst als Engel

Eine mit Kuchen gefüllte Pizzaschachtel

Ein Zirkus für Insekten

Eine Kobra auf einem Motorrad

Ein Nilpferd und ein Nashorn spielen Videospiele

Ein Schwarm Fische, der durch den Himmel fliegt

Zeichne und höre dabei lateinamerikanische Musik

Ein Schädel aus Diamanten

Das Süßeste was du jemals gesehen hast

Illustriere das Gefühl der Verzweiflung

Eine „Gang" von Vögeln

Obst und Gemüse als beste Freunde

Die Welt in einem Schrank

Eine Person, die mit einem Controller gesteuert wird

Ein Taucher in der Badewanne

Illustriere den Satz „Die Zeit fliegt vorbei"

Zeichne und höre dabei Volksmusik

Ein Campingplatz auf einem fernen Planeten

Jemand an einem Computer im Wald

Eine Person, die auf der Seite eines Wolkenkratzers steht

Eine Person, die in einer Tasse Kaffee schwimmt

Ein Baby auf einem Motorrad

Illustriere einen Verrat

Zeichnen Sie ein Familienmitglied als Helden Ihres Lieblingsvideospiels

Eine Kissenfestung

Zeichne und höre dabei dein Lieblingslied aus der Kindheit

Eine Statue, welche mit den öffentlichen Verkehrsmitteln fährt

Eine einsame Blume, die auf der Straße wächst

Ein Pferd kommt in eine Bar

Die Natur in einer Wasserflasche

Überleg dir was dich glücklich mach und zeichne es

Roboter und Menschen die friedlich zusammen leben

Ein verlassenes Auto im Wald

Eine Person, die einen Drachen zur Arbeit reitet

Illustriere wie du dich beim Musikhören fühlst

Eine Szene aus dem letzten Buch, welches du gelesen hast

Index

57 Mal ein Objekt und gib diesem ein Gesicht

58 Illustriere dein Lieblingsmärchen

59 Ein trainierender Cupcake

60 Ein an Halloween verkleideter Kürbis

61 Skizziere deine Hände in verschiedenen Positionen

62 Der Horizont über einer Stadt bei Sonnenuntergang

63 Kreiere ein alternatives Poster für deinen Lieblingsfilm

64 Ein Engel spielt mit einem Teufel Schach

65 Die vier Elemente als Superhelden

66 Eine Hochzeitstorte

67 Du selbst als Rockstar

68 Eine Treppe zum Himmel

69 Ein Familienmitglied als Zahnfee

70 Das Leben unter Wasser

71 Kreiere deine eigenen Insekten

72 Eine Katze fährt ein Einrad auf dem Mond

73 Ein süßes Baby Tier

74 Eine Maus (Tier) mit einer Tastatur

75 Ein Moment wo du dich ängstlich gefühlt hast

76 Dein Zuhause im Weltall

77 Ein Fisch in einem Panzer

78 Ein Wasserfall im Dschungel

79 Zwei natürliche Feinde in einem mittelalterlichen Duell

80 Nimm eine Handvoll Gegenstände und wirf sie auf den Tisch.

81   Ein Haus aus Süßigkeiten

82   Dein größter Traum

83   Teile das Papier in vier Abschnitte und fülle jeden mit einem anderen Muster

84   Der buchstäbliche König der Tiere

85   Dein Lieblingsschauspieler als deine lieblings Cartoon Figur

86   Du selbst als Samurai

87   Ein Feuergeist

88   Eine Schule für Quallen

89   Illustriere eine Zeile aus deinem Lieblingslied

90   Ein stolzer Moment

91   Kreiere dein eigenes Raumschiff

92   Kreiere ein unnützes Küchengerät

93   Kreiere ein alternatives Cover für dein Lieblingsbuch

94   Verbinde zwei Dinge die nicht zusammen gehören

95   Illustriere eine Redewendung im buchstäblichen Sinne

96   Ein Ritter bekämpft ein mythisches Wesen

97   Eine Post-apokalyptische Stadt

98   Eine Person tanzt im Regen

99   Dich selbst als Rapper

100   Zwei unwahrscheinliche tierische Freunde

101   Eine Landschaft, welche du liebst

102   Illustriere deine Lieblingserinnerung aus deinem Erwachsenenleben

103   Du selbst in zehn Jahren

104   Zeichne während du Pop Musik hörst

105   Zeichne etwas Ehrliches

106   Füll die Seite mit Dingen die du magst

107   Illustriere den Satz „Es ist eine kleine Welt"

108   Kreiere ein Mandala und füll es mit Dingen die du liebst

109   Du selbst in einer Szene aus deinem Lieblingsfilm

110   Ein Roboter, welcher aus Pappe besteht

111   Eine Karikatur von dir selbst

112   Ein ausbrechender Vulkan

113   Tausche die Größe von zwei Objekten aus

114   Eine Stadt der Zukunft

115   Deine Vorstellung des Himmels

116   Eine Person vor einer kopfüber gedrehten Welt

117   Eine Banane die sich selbst schält

118   Ein Surfer reitet auf einer Schallwelle

119   Du selbst als Monster

120   Eine Science-Fiction-Landschaft

121   Zeichne während du klassische Musik hörst

122   Deine größte Angst

123   Zeichne während du an deine erste große Liebe denkst

124   Ein Schwimmbecken auf einem Tisch

125   Ein Pinguin trägt einen Smoking

126   Eine komplizierte erfundene Blume

127   Zeichne etwas Falsches

128   Eine Autobahn zur Hölle

129 Zwei Personen, die mit Ballonschwertern fechten

130 Ein Wassergeist

131 Eine Maus auf einem Abenteuer

132 Designe deinen eigenen Schmuck

133 Die Aussicht von außerhalb deines Fensters

134 Ein Moment der Wut

135 Deine erste Kindheitserinnerung

136 Zwei Kindheitsfreunde die gemeinsam aufwachsen

137 Ein Messer welches in einem Apfel steckt

138 Selbstportraits aus verschiedenen Blickwinkeln

139 Der Hinterkopf von jemandem

140 Zeichne eine zufällige Person in der Öffentlichkeit als Superheld/in

141 Du selbst als Prinzessin

142 Deine Vorstellung von Wolke 7

143 Ein farbenfroher Vogel

144 Eine Reflektion auf einem Auge

145 Ein Mashup aus zwei Charakteren in der Popkultur

146 Deine Welt in Bausteinen

147 Das Äußere deines Traumhauses

148 Ein Moment wo du vor Glück geweint hast

149 Eine buchstäbliche Runde Schere-Stein-Papier

150 Ein Thron aus Konservendosen

151 Zeichne während du Rockmusik hörst

152 Eine Szene oder eine Figur aus deinem Lieblingsbuch

153   Eine Zeichnung von einer Zeichnung

154   Eine Person, welche ein Foto von dir macht

155   Eine Stadt gebaut aus Spielzeugen

156   Eine unsichtbare Person

157   Eine laufende Couch

158   Ein Telefon mit Gesicht

159   Ein Moment, wo du dich mächtig gefühlt hast

160   Du selbst in 20 Jahren

161   Zeichne während du EDM hörst

162   Designe dein eigenes Schloss

163   Ein Superheld der den Haushalt macht

164   Eine Fantasielandschaft

165   Du selbst als Comicfigur

166   Eine Oase in der Wüste

167   Ein Erdgeist

168   Ein Bär auf einem Einrad

169   Dein Spiegelbild in einem Löffel

170   Erstelle ein weiteres alternatives Firmenlogo

171   Zeichne während du K-Pop hörst

172   Menschliche Schachfiguren

173   Eine Luftaufnahme deines Lieblingsortes

174   Eine Person, die einen Löwenzahn pustet

175   Ein Delfin der aus dem Wasser springt

176   Dein liebstes wildes Tier

201   Kerzen in der Wüste

202   Zeichne während du Blues hörst

203   Eine Obstschale läuft vor Fastfood davon

204   Ein buchstäblicher Asphaltdschungel

205   Der Mond als Mensch

206   Deine erste Trennung

207   Dein erstes Haustier

208   Ein Gegenstand in einer Glasschüssel

209   Ein Buch, das in eine andere Welt führt

210   Du selbst in Abendgarderobe

211   Ein Portal in eine andere Dimension

212   Das letzte Mal, als du dich desorientiert gefühlt hast

213   Zeichne während du Fahrstuhlmusik hörst

214   Zähne die in einen Apfel beißen

215   Du selbst als Engel

216   Die Sonne als Mensch

217   Zwei Tiere in einem Whirlpool

218   Eine mit Kuchen gefüllte Pizzaschachtel

219   Ein Geist an einem ungewöhnlichem Ort

220   Ein Zirkus für Insekten

221   Ein Kino ohne Wände

222   Eine Kobra auf einem Motorrad

223   Ein Nilpferd und ein Nashorn spielen Videospiele

224   Ein Schwarm Fische, der durch den Himmel fliegt

249 Zeichne und höre dabei dein Lieblingslied aus der Kindheit

250 Eine Statue, welche mit den öffentlichen Verkehrsmitteln fährt

251 Eine einsame Blume, die auf der Straße wächst

252 Ein Pferd kommt in eine Bar

253 Die Natur in einer Wasserflasche

254 Überleg dir was dich glücklich mach und zeichne es

255 Roboter und Menschen die friedlich zusammen leben

256 Ein verlassenes Auto im Wald

257 Eine Person, die einen Drachen zur Arbeit reitet

258 Ein Wal im Weltall

259 Illustriere wie du dich beim Musikhören fühlst

260 Eine Szene aus dem letzten Buch, welches du gelesen hast